AF240041

Raisonnez,

ET N'INJURIEZ PAS !

OU

Opinion

D'UN VÉRITABLE ROYALISTE.

Par M. Berjou.

PARIS,

A LA LIBRAIRIE DU BOULEVARD St-ANTOINE, No 45;

CHEZ A. GARNIER, PALAIS-ROYAL;

ET CHEZ TOUS LES MARCHANDS DE NOUVEAUTÉS.

—

1829

IMPRIMERIE DE DECOURCHANT.

RAISONNEZ,

ET N'INJURIEZ PAS!...

ou

OPINION

D'UN VÉRITABLE ROYALISTE.

Quel est le Français, quel est l'étranger qui ne croirait que tout est bouleversé, et que notre malheureuse patrie est dans le plus éminent danger, en lisant les journaux à dater du 9 août?

Pourquoi tous ces cris, toutes ces injures? Parce que le Roi, usant, non-seulement du droit qu'il tient de sa couronne, mais encore de la Charte, a nommé un nouveau ministère!...

Ce choix effraie, il déplaît; ce n'est pas par des raisonnemens, par une discussion sage et approfondie qu'on repousse ces choix, qu'on en démontre l'inconvenance ou le danger : c'est par des sorties virulentes, c'est par un langage effrayant, tant il tient du délire et de la fureur. Ah ! si c'est ainsi que nous entendons la liberté de la presse, si c'est ainsi qu'on appelle faire de l'opposition dans un gouvernement constitutionnel, l'un et l'autre seraient le présent le plus funeste que la révolution nous aurait fait ; en bonne vérité, pour notre honneur autant que pour notre sûreté, nous devrions renoncer pour jamais à de telles prérogatives.

Toutefois essayons, au milieu de tout ce bruit, de faire entendre la raison et d'amener la question sur son véritable terrain.

De la monarchie.

Monarchie vient de deux mots grecs, μονος, αρχη (*monos, arché*), qui signifient pouvoir d'un seul. Cette définition prouve qu'un monarque a seul le pouvoir, que tout émane de sa volonté unique, que toute autorité dépend de lui, et ne s'exerce qu'en son nom. Tel était le gouvernement qui depuis des siècles régissait la France jusqu'à cette époque appelée *révolution,* et que les hommes sensés qui désiraient rapprocher le plus possible le nouvel ordre de choses de l'ancien, nommaient *restauration politique* du royaume. Il aurait été bienheureux que cette définition eût été exacte et comprise : tous les malheurs et les crimes qui ont désolé et souillé notre belle patrie ne seraient point arrivés.

La définition des mots est d'une bien haute importance. Les mots expriment les idées, et l'on con-

çoit facilement les principes qui en sont la conséquence nécessaire.

Peut-on croire que si, au lieu d'appeler *révolution* les améliorations que l'assemblée des notables
d'abord, et les États-généraux ensuite, proposaient
au monarque, on les eût présentées comme de sim-
ples modifications voulues par les besoins et les progrès de la civilisation, on eût eu les idées et pour
conséquence le projet de ce bouleversement général?
Non, sans doute.

Mais abandonnons un inutile et dangereux re-
tour vers le passé; il appartient à l'histoire; il doit
servir d'un salutaire exemple.

La monarchie est le pouvoir d'un seul, et c'est
ainsi que nos rois nous ont gouvernés pendant un
grand nombre de siècles. On ne peut se refuser à
avouer qu'à très-peu d'exceptions qui ne doivent
leur existence qu'aux mœurs et à l'ignorance des
temps, nos rois n'ont jamais usé d'un pouvoir absolu.

Des causes qu'il serait trop long et superflu de
rappeler dans cet écrit, ont fait déposer des doléan-
ces et des réclamations aux pieds du trône. Le meil-
leur des rois les a écoutées, les a accueillies; il s'est
volontairement dépouillé du gouvernement pure-
ment monarchique; il l'a échangé contre une royauté
limitée.

De la royauté.

Dans la véritable acception du mot, un Roi est
le chef suprême de la nation qu'il est appelé à gou-

verner par son droit de naissance; mais il ne peut plus être monarque dans le sens absolu du pouvoir d'un seul.

Comme Roi, il gouverne au nom des lois qu'il a fait élaborer dans ses conseils et qui sont discutées et approuvées par deux fractions de son pouvoir législatif, sous les noms de Chambre des pairs et de Chambre des députés.

Au Roi seul appartient le droit de présentation des lois, la nomination des ministres et de tous les agens de son autorité. Telles sont les dispositions principales, entre autres, du pacte appelé Charte constitutionnelle, Charte que nous ne devons pourtant qu'à la bonté comme à la justice de l'auguste dynastie qui nous gouverne.

De la Charte.

Qu'est-ce qu'une Charte? Comme acte politique c'est un acte qui constitue seulement les bases d'un gouvernement. Celle qui nous régit nous fut octroyée, c'est-à-dire accordée, par le Roi législateur Louis XVIII. Cette Charte, d'auguste et légitime origine, contient toutes les améliorations et les principes réclamés par l'assemblée des notables et des États-généraux. Ce mot *octroyé* ou *concédé* prouve qu'au monarque d'alors appartenait seul le droit de faire cette concession.

Toutefois, cette concession faite est devenue irrévocable; elle est devenue le lien d'amour et d'obéissance des sujets envers le prince ; et quelles craintes pourraient être possibles? La parole des rois de France est toujours sacrée ; le serment de Charles X est inviolable.

Mais de ces principes constitutionnels dérivent des conséquences appelées lois réglementaires ou d'exécution. Abordons franchement la question; je suis convaincu d'être entendu de la classe bien pensante de la nation, de celle qui, par son instruction ou sa position sociale, a l'habitude de la réflexion et du raisonnement.

Peut-on ne pas admettre que si l'expérience sagement calculée fait éprouver la nécessité d'une modification, ou le besoin de lois d'exécution qui paraîtraient opposées à la lettre matérielle de tel article de la Charte, le Roi, qui en a la suprême exécution, et qui, de la région élevée où il est placé, voit les dangers et les besoins du corps social, ne puisse vouloir cette heureuse modification, cette loi réglementaire ? L'une et l'autre ne doivent-elles pas être proposées et adoptées par les Chambres ? N'en avons-nous pas deux grands exemples ?

D'après des discussions approfondies, n'a-t-il pas été reconnu qu'il fallait une nouvelle loi d'élection ? N'a-t-on pas revu et changé celles antérieures ? N'est-ce pas une preuve évidente que tel article de la Charte, telle loi d'exécution de ce principe, sont susceptibles de modifications que l'expérience démontre ?...

La Charte dispose que les députés seront renouvelés tous les ans par cinquième. N'a-t-on pas, sur la proposition du Roi, modifié cet article, puisque les députés sont nommés pour sept ans sans renouvellement partiel ? Les députés qui, lors de la discussion de la loi, ont émis contre son adoption les opinions les plus prononcées, ne continuent-ils pas, d'après son exécution, à siéger dans la Chambre ? Ce que nous avons dit est donc prouvé et jugé.

On a compris que le renouvellement annuel par cinquième des députés donnerait lieu à de continuelles agitations, à des fermentations dangereuses ; qu'on ne pouvait obtenir la paix et le bonheur au dedans, comme la considération et une honorable influence au dehors, que par la fixité, la solidité de nos institutions ; qu'un ministère ne pouvait concevoir et mûrir les projets d'une bonne et sage administration, s'il lui fallait sans cesse s'occuper de questions et de choix électoraux ; s'il lui fallait être sans cesse dans l'ignorance de l'esprit annuel de la Chambre ; s'il lui fallait sans cesse être incertain sur la majorité.

Vouloir revenir sur ces principes, les remettre encore en question, c'est vouloir remplacer l'ordre par le désordre, la fixité par l'incertitude.

Un ministère.

Aux termes de la Charte, le Roi seul, et de sa propre volonté, nomme ses ministres. Cette nomination est une des prérogatives sacrées et indispensables de sa couronne. L'exercice de cette prérogative peut-elle être soumise à une discussion, à une critique? Il faut l'avouer : c'est avec une vive et une profonde affliction que les circonstances me forcent à poser une pareille question.

Le 8 août, le Roi, usant de son droit incontesté et incontestable, nomme de nouveaux ministres. A peine cette nomination est connue, tous les journaux libéraux éprouvent une sorte de frénésie ; ils exhalent leur fureur en expressions outrageantes sur le choix du Roi ; c'est un délire effrayant qui ne connaît pas de bornes. N'ai-je pas le droit de leur dire : *Raisonnez, et n'injuriez pas !*

Puisque vous invoquez sans cesse les principes de la Charte, les droits résultant de nos institutions, respectez-les donc, respectez-vous vous-mêmes.

Le Roi a-t-il agi constitutionnellement? Nul doute. Seul et sans contrôle, a-t-il, je ne dis pas seulement en vertu de sa couronne, mais aux termes même de la Charte dont vous vous proclamez les vrais défenseurs, les vrais conservateurs, le droit de nommer ses ministres? Nul doute. Eh bien ! modérez-vous un peu, et prouvez en vertu de quel article de la Charte, en vertu de quelle loi constitutionnelle vous exercez le droit de réprouver ce choix, de le faire en des termes si peu respectueux pour le Roi, en des expressions si peu dignes de l'urbanité française.

Un des principes sacrés de notre gouvernement est que le Roi ne peut mal faire, par une heureuse fiction ; il est la loi personnifiée, il est inviolable en tout temps, en tout cas; la critique ou le blâme ne peut s'exercer que sur l'administration des ministres ou tous autres délégués du pouvoir. Chacun a le droit de discuter leurs actes, chacun a le droit de les accuser; les ministres ne participent en rien de la juste inviolabilité royale; une fois nommés par le trône, leur conduite dans l'administration tombe dans le domaine de la discussion publique, et tout Français a le droit d'y prendre part. Voilà les principes constitutionnels, voilà toute la plénitude de nos droits comme citoyens.

Mais n'est-ce pas porter atteinte à la prérogative royale, l'anéantir, que de dire : Le Roi a nommé telles personnes pour ses ministres, nous n'en voulons pas; nous les repoussons avec horreur, leur conduite passée nous indigne, leurs opinions antérieurement émises nous effraient ; en un mot, à tort ou à raison, nous n'en voulons pas; si le Roi ne cède pas à nos réclamations, eh bien ! nous ne cesserons pas d'avilir ses ministres, nous fouillerons dans toute leur conduite depuis leur naissance; nous en exhumerons tout ce qu'ils ont pu avoir dit ou fait; nous envenimerons tout; nous provoquerons le mépris le plus prononcé? Je vous le demande, Messieurs les journalistes, ce langage est-il bien constitutionnel? Où est donc la prérogative royale, si le Roi ne peut nommer pour ses ministres que des hommes choisis ou avoués par tel ou tel parti? Ce ne serait plus le Roi, mais un parti quelconque, qui nommerait les ministres. Que deviendrait donc la

Charte, dont vous réclamez si ardemment l'exécution;
la Charte ! ce serait donc le bon plaisir des journaux
d'une opinion. Oh ! je le crois fermement; il n'est aucun Français qui, *bon plaisir pour bon plaisir*, ne
préférât avec empressement celui d'autrefois à celui
de quelques journalistes.

Il n'est pas besoin, et je n'ai certainement pas
l'intention de m'ériger en défenseur du ministère ac-
tuel, je ne veux qu'établir les principes sans les-
quels il n'y a plus de Charte, plus de gouvernement.

L'effroi qu'on prétend éprouver à la vue du
ministère n'a pourtant encore été justifié par
aucun acte important d'administration. Son silence
aigrit; il impatiente, ce silence; on cherche à l'inter-
préter; on suppose que les ministres se livrent à de
pénibles élaborations de projets anti-constitutionnels.
Quant à moi, je dirai ce que je pense sous ce rapport,
et cette opinion est d'autant plus désintéressée que
je leur suis parfaitement inconnu.

Je dirai que je suis convaincu qu'ils sont dans la
ferme volonté d'administrer dans le sens de la Charte,
mais aussi dans le but le plus conservateur de la
Royauté; que je suis convaincu qu'en cela non-seulement ils ne feraient que suivre les intentions pater-
nelles du Roi, mais encore qu'ils obéiraient à sa volonté ; qu'ils ne peuvent pas ne pas avoir la conviction que gouverner hors ou contrairement aux principes de la Charte, ce serait être parjures à leur
mandat; que ce serait mettre le trône en danger et

vouloir être eux-mêmes les premières victimes d'un pareil système; qu'ils ne chercheront point à détruire la liberté de la presse, parce que des injures ne sont pas des raisons; parce que les hommes honnêtes et de talent qui rédigent des journaux ne peuvent continuer un langage aussi offensant, aussi peu digne d'eux; parce que les tribunaux sauront réprimer les abus et punir la licence de la presse.

Attendons donc avec le respect et l'obéissance que nous devons, au moins constitutionnellement, au Roi, que les ministres qu'il lui a plu et qu'il avait le droit de choisir, aient par leurs actes d'administration justifié le jugement qu'alors on pourra porter. Voilà comme il est juste et constitutionnel d'agir.

Mais enfin, si, par une prévoyance admissible, on veut se livrer avec sagesse et méthode à une discussion anticipée sur les projets supposés des ministres, et que, préjugeant, par leur opinion politique connue, des principes qui pourront les diriger, on veuille prévoir, soit des modifications à tel ou tel article de la Charte, soit la présentation de lois réglementaires ou interprétatives : à la bonne heure.

On me permettra sans doute aussi ou de prévoir ou même de désirer. Je vais sous ce rapport émettre mon opinion en toute conviction, et si je suis dans l'erreur, ce sera de bonne foi.

Le bien du pays exige-t-il la modification de tel article de la Charte, et à cet effet le Roi peut-il proposer une loi réglementaire ou interprétative ?

Cette question est la plus grave, la plus importante. Sa solution affirmative ne me paraît susceptible d'aucun doute; tout bon Français est convaincu que la conservation du corps social et l'expérience doivent être sans cesse la boussole de tout gouvernement : ne vouloir aucune amélioration reconnue nécessaire, ce serait agir en opposition aux principes qui ont obtenu la Charte.

Ces motifs de haute sagesse ont été tellement avoués, qu'ils ont amené la modification de l'article de la Charte qui voulait le renouvellement des députés annuellement par cinquième. Cet article n'existe plus, parce que son exécution pouvait en peu de temps compromettre la sûreté du Gouvernement, et qu'il avait au moins le très-grave inconvénient de rendre sa marche incertaine et précaire.

On a donc fait la loi qui a établi la septennalité, et comme je l'ai observé, cette loi s'exécute même par les députés qui, lors de sa discussion, s'y sont le plus fortement opposés. Ainsi le principe de la modification d'un article de la Charte, ou l'existence d'une loi réglementaire ou interprétative de son exécution, a été formellement et légalement reconnu.

Il en a été de même pour les élections ; le double

vote a été légalement institué, et certes la Charte ne parle pas de deux espèces de colléges électoraux, ni de deux genres d'élection.

On connaît les motifs de la première loi.

Voici, selon moi, les motifs de la seconde :

A la suite d'une révolution qui a tout renversé, qui a égaré même les meilleurs esprits, qui a enfanté tant de gouvernemens divers opposés les uns aux autres, en principes et en actions; qui a donné lieu à tant de systèmes politiques les plus absurdes et les plus subversifs de l'ordre social, il était, il est toujours indispensable d'arriver le mieux et le plus tôt possible à une marche *gouvernementale* dont on ait grand soin d'écarter les élémens vicieux et destructeurs. La masse a été agitée; de nouvelles fortunes, dont un certain nombre est dû aux désordres de l'époque, avaient amené sur là surface des hommes soit brouillons par leur inhabileté aux affaires, soit dangereux, parce qu'ils devaient d'être sortis de l'obscurité et, disons-le, de l'indigence, à des causes bien opposées à tout gouvernement royal.

Ne rechercher aucun vote, ne troubler aucune possession, s'opposer à toute espèce de vengeance, était une résolution de toute justice, de toute sagesse; mais rendre possible la présence de pareils hommes, soit dans les conseils de la nation, soit dans ceux du Souverain, eût été le plus grand, le plus incalculable des malheurs.

Il ne fallait donc pas s'exposer à voir les colléges électoraux, composés d'hommes mobiles et imprégnés encore de ces idées erronées, faire des choix que la prudence, la saine raison et la pudeur publique auraient repoussés.

La loi sur le double vote a donc dû être proposée et adoptée; mais est-ce bien la seule loi qu'il faut en pareille matière? et seule obtient-elle le but désirable? Je ne le pense pas.

Que pourrait-on faire ?

Mes intentions sont trop pures et ma conviction trop positive pour que j'hésite à dire ma pensée toute entière. Je n'en serai point détourné par la crainte de déplaire à tel ou tel parti; c'est comme Français, comme royaliste constitutionnel, voulant ardemment le bonheur du pays, que j'émets humblement mon opinion.

En principe il n'y a aucune royauté même constitutionnelle possible, si sa plus forte base n'est pas l'aristocratie, et aucune aristocratie n'est solide, si elle ne repose pas sur la propriété foncière. Il est de vérité politique vulgaire que celui-là seul qui possède est intéressé au maintien de l'ordre : car c'est par l'ordre seul qu'il conserve et qu'il acquiert. Aussi ce principe est-il dans la Charte : pour être électeur il faut payer un cens d'au moins trois cents francs, et pour être député il faut en payer un de mille francs.

On a donc voulu écarter des affaires publiques les prolétaires, les existences incertaines, ou les hommes non attachés au sol par la propriété. Mais l'expérience a dû démontrer que le mode admis pour justifier du cens qui rend électeur, éloignait ou viciait le but désiré par la Charte. On a compris dans les impôts directs celui des patentes. C'est un démenti formel à la nature de cet impôt, dont la perception, lors de sa création et pendant les premières années qui l'ont suivie, a été confiée à la direction des impôts indirects : et certes, rien n'est plus variable; de plus, il y a dans cette disposition erreur et inégalité.

Erreur, en ce que l'homme le plus ignorant en affaires, et sachant à peine signer son nom, exerce une profession ou une industrie qui le force à prendre une patente d'un tarif un peu élevé et une location étendue, ce qui au total lui fait payer un impôt de 300 fr. Cet homme fait mal ses affaires, il se ruine, il n'est électeur que pendant un ou deux ans. Tant qu'il peut être électeur, il est sous l'influence, si ce n'est sous la dépendance, du riche consommateur, ou d'un capitaliste, ou d'un manufacturier; par suite de sa profession, il est aussi sous la surveillance de l'autorité locale, quelquefois également dans sa dépendance. Il arrive que lors des élections, il ne peut se soustraire à l'une des puissances dont il est l'objet.

Il y a inégalité, en ce qu'on ne voit pas la différence entre un tailleur, un limonadier, un boutiquier quelconque de Paris et celui de la province. Cependant, la différence de la population fait que celui de Paris est électeur et que celui de la province ne l'est pas. Or, on le demande, quelle est dans l'intérêt des élections la cause utile de cette inégalité de droits entre des hommes de même éducation, de même profession ?

Il y a instabilité continuelle dans la formation des listes électorales, par suite de l'admission des patentés, par la survenance fréquente des nouveaux patentés, et par la disparition également fréquente des anciens.

Ne serait-il pas plus convenable, plus conservateur de l'ordre social, qu'on ne pût être électeur qu'en payant un impôt foncier de 200 fr. seulement ? La quantité d'électeurs serait peut-être plus forte, mais alors elle serait plus en harmonie avec la population de la France. Il y aurait plus de stabilité dans les listes électorales ; elles augmenteraient plutôt qu'elles ne diminueraient ; il y aurait plus d'égalité entre les électeurs de toute la France. Les propriétés, plus recherchées, plus conservées, augmenteraient de valeur. N'est-il pas également plus conforme aux idées du siècle, aux progrès continuels d'une éducation plus soignée, plus étendue, de rendre éligible à l'âge de trente ans ? Ce serait un hommage et une justice à rendre à la classe instruite, et agrandir, dans l'intérêt du pays, le cercle des éligibles ; car, il faut l'avouer, le cercle est trop étroit et gêne trop la possibilité des choix.

Ce principe de l'aristocratie du sol étant plus généralement adopté, n'est-il pas une conséquence

plus juste et plus en harmonie avec notre gouvernement royal constitutionnel ?

J'ignore complètement quels sont les projets du
gouvernement du Roi, si même il en a aucun sur ce
qui fait l'objet de cet écrit; mais, je le répète, si tels
sont ses desseins, ce serait avec reconnaissance pour
le pays que j'en verrais l'adoption. En tout cas le
choix du Roi est fait; attendons avec calme et respect les effets de ce choix, et si on veut, si on croit
devoir s'en occuper, je dirai : *Raisonnez, mais n'injuriez pas !...*

BERJOU.

PARIS, IMPRIMERIE DE DECOURCHANT,
Rue d'Erfurth, n° 1, près de l'Abbaye.

www.ingramcontent.com/pod-product-compliance
Lightning Source LLC
LaVergne TN
LVHW010217060726
842527LV00007B/2567